Гороскоп ангелов 2024

Rubi Astrólogas

Ангелы — это существа света, их задача - помогать нам развиваться и защищать от опасностей. Все люди находятся под защитой Ангела или нескольких Ангелов в зависимости от даты своего рождения. Ваш Ангел-хранитель гарантирует вам успех в любви, работе и других сферах вашей жизни.

Иногда мы настолько погружаемся в жизнь, в которой так много стресса, что забываем о том, что нас сопровождают существа света, которые ждут, когда мы попросим о помощи. Когда мы осознаем их присутствие и решаем насладиться даром их присутствия в нашей жизни, наш мир наполняется волшебством.

Гороскоп Ангела на 2024 год содержит множество духовных посланий для вас. Если вы чувствуете себя потерянным или задаетесь вопросом, какова ваша миссия в этом 2024 году, здесь вы найдете ответы. Если вы купили эту книгу, значит, Вселенная пытается подсказать вам, что делать и куда идти. Все, что вам нужно, — это открыть для себя скрытые послания, которые Ангелы передали вам в этой книге.

Ангелы существуют уже тысячи лет, в различных культурах и цивилизациях. Они обладают особыми способностями и внесли свой вклад в эволюцию человека, изменения и развитие нашего общества. Ангелы-хранители будут присутствовать в вашей жизни в течение 2024 года, чтобы защищать вас, укреплять ваши связи с духовным миром и дарить вам множество чудес.

Архангел для вашего знака Зодиака

У каждого знака Зодиака есть Архангел-
наставник, который его курирует.

Когда приходит время реинкарнации, мы выбираем
наиболее подходящий знак Зодиака, чтобы
усвоить жизненные уроки, которые принесут нам
больше опыта для нашей эволюции.

Архангелы помогают нам выбрать знак Зодиака
для реализации целей нашей души.

Овен. Архангел Чамуил

Архангел Чамуил означает "тот, кто видит Бога",
он связан с инициативой и страстью - двумя
сверхсильными качествами людей знака Овна.
Этот знак неутомим и не останавливается, пока
не достигнет своих целей.

Архангел Чамуил наделяет Овна силой решения и энтузиазмом для достижения своих целей. Этот архангел известен также под именами Самюэль, Чамуил или Камаль и является ангелом гармонии, уверенности, силы и разнообразия.

Этот архангел наделяет представителей знака Овна напористым и надежным характером.

Овен - экстравертный знак, импульсивный и энергичный, когда речь идет о решении сложных задач. Они нетерпеливы и легко раздражаются, но не обижаются.

Архангелу Чамуила принадлежит Золотой Луч, планета Марс и день вторник.

Послание Архангела Чамуила для Овнов таково:

Только энергия любви, заключенная в цели, дает долговременную ценность и пользу.

Розовый кварц связан с целительными энергиями архангела Чамуила, и вы можете использовать его для эмоционального исцеления, призывая его имя или его присутствие, поскольку он специализируется на эмоциональном исцелении.

Архангел Чамуил курирует всех Ангелов Любви. Они дарят Овну, когда он просит об этом, сострадание и любовь. Архангел Чамуил может помочь Вам в отношениях, особенно если у Вас есть конфликты, эмоциональные осложнения или разрывы. Архангел Чамуил может помочь вам найти свою душу или близнецовое пламя, а также во всех обстоятельствах, требующих спонтанного общения.

Chamuel может помочь вам построить прочные и здоровые структуры, улучшить ваши способности к любви, чтобы у вас появилась способность давать и получать любовь совершенно без условий.

Chamuel растворяет чувство низкой самооценки, помогает найти свое предназначение и душевную миссию.

Архангел Чамуил олицетворяет силу, позволяющую встретить и преодолеть трудности в нашей жизни. Если вы не знаете, чего хотите, Чамуил переместит вас в среду, которая принесет вам покой, поможет снять напряжение и стресс. Архангел Чамуил - защитник слабых и униженных.

Поскольку Архангел Чамуил видит во всех направлениях времени, т. е. трехмерно, он может помочь вам найти потерянные вещи.

Призовите архангела Чамуила, если вам грустно, он поможет вам исцелиться, облегчит вашу боль и неспособность прощать.

Чтобы вызвать или призвать помощь в эмоциональном исцелении с помощью Архангела Чамуила, необходимо зажечь розовые свечи или поставить розовые розы, чтобы попросить об исцелении.

Все Архангелы занимают исключительное место на эфирном плане Земли, и вы можете найти их святилища с помощью медитации или во сне. Эфирный храм Архангела Чамуила находится в Сент-Луисе, штат Миссури, США.

Телец. Архангел Ханиэль

Архангел Ханиэль управляет знаком Тельца, он относится к таким характеристикам, как цельность, уверенность и прагматизм. Имя архангела Ханиэля означает "милость Божья", и он является ангелом интеллекта.

Ханиэль связан с планетой Венера и днем пятницы.

Тельцы — это знак, который любит материальный комфорт, наслаждается роскошью и качественными товарами. Они преуспевают во многих сферах, но особенно в финансовой.

Тельцы - очень властный знак, который должен научиться терпению. Они обладают природной склонностью к стабильности, но должны быть осторожны, чтобы не попасть в ловушку материализма.

Архангел Ханиэль известен также под именами Анауэль, Анафиэль и Даниил. Его цвета - оранжевый и белый.

Этот Архангел связан с белым и оранжевым Лучами.

 Ханиэль обладает энергией, побуждающей нас к поиску духовной мудрости, и, будучи также Ангелом Небесного Общения, работает с групповыми энергиями и ораторами. Это архангел, связанный с Луной, поэтому он соединяется с нами через визуализации и повторяющиеся сны. Архангел Ханиэль помогает транс мутировать темные вибрации и энергии и предлагает защиту. Он сопровождает нас в новых начинаниях, когда в нашей жизни происходят переходные этапы.

Этот архангел приносит в нашу жизнь вдохновение, преподносит уроки, следит за духовным исцелением и различными видами религий. Архангел Ханиэль раскрывает утраченные тайны, гармонизирует отношения и привносит красоту во все. Ханиэль исцеляет зависть, гнев и ревность.

Архангел Ханиэль дает вам информацию о вашей профессии и взаимоотношениях. Он помогает вам на духовном пути и призывает искать цель своей жизни. Он призывает вас заглянуть внутрь себя и найти свою личную истину, потому что так вы сможете постоять за себя.

Архангел Ханиэль поможет вам жить настоящим, видеть реальность и осознавать свои таланты и способности.

Архангел Ханиэль напоминает вам о том, что вы обязаны быть здоровыми психически и физически. Этот архангел связан с исцелением с помощью кварца и эфирных масел, поэтому он курирует врачей-гомеопатов. Этот могущественный архангел обладает способностью превращать печаль в счастье.

Этот архангел работает с дисбалансом в энергетическом поле и приносит исцеление на эмоциональном, духовном и физическом уровнях.

Это архангел-воин, который помогает нам исполнить предназначение нашей души, направляя нас через откровения, видения и ангельские синхронизмы.

Когда вы чувствуете себя растерянным или подавленным, обратитесь к архангелу Ханиэля с просьбой дать вам дар упорства.

Близнецы. Архангел Рафаил

Близнецам покровительствует архангел Рафаил, поэтому этот знак зодиака так адаптивен и общителен.

Рафаил - один из главных ангелов-целителей, он направляет целителей.

Архангел Рафаил управляет планетой Меркурий и днем среда.

Люди знака Близнецов очень интеллектуальны, их самый ценный инструмент - ум. Близнецы очень многогранны, и это отношение истощает их энергию, доводя порой до нервного истощения и беспокойства. У Близнецов неутолимая жажда познания, их ум очень любопытен.

Архангел Рафаил связан с Зеленым лучом. Целительные способности Рафаила направлены на устранение блокировок путем их преобразования в любовь.

Архангел Рафаил, как известно, является главным из Ангелов-хранителей и покровителем медицины, поэтому его также называют Архангелом Знания.

Рафаэль также является покровителем путешественников и помогает в духовном и физическом исцелении не только людей, но и животных.

Этот архангел Рафаил может помочь вам развить интуицию и усилить творческую визуализацию. Он поможет вам установить связь с вашей личной духовностью и позволит найти исцеление в природе. Изумруд - целебный кварц, связанный с архангелом Рафаилом.

Архангел Рафаил работает в вашем подсознании, чтобы вы могли освободиться от страха и тьмы. Команду Ангелов-целителей возглавляет Архангел Рафаил, и эти энергии Архангела Рафаила и его Ангелов-целителей можно вызывать в больницах и в тех случаях, когда есть больной человек, о котором неизвестно, что у него есть болезнь.

Архангел Рафаил направляет свои целительные энергии на устранение блокировок в чакрах, вызывающих болезни, и помогает избавиться от зависимостей.

Рафаэль исцеляет раны прошлых жизней, стирая все унаследованные семейные кармы.

Вы можете призывать Архангела Рафаила каждый раз, когда у вас или у другого человека возникает физическая болезнь, он будет непосредственно вмешиваться и направлять вас к исцелению.

Архангел Рафаил напоминает вам, что исцеление происходит через прощение, и он тесно связан с целителями света. Рафаил следит за тем, чтобы появлялось все необходимое для успешного исцеления.

Призовите Архангела Рафаила защищать и направлять вас, он поможет вам очистить свои энергии и сосредоточиться. Чтобы призвать целительную силу архангела Рафаила, зажгите зеленые или желтые свечи, и вы получите мгновенный результат.

Архангел Рафаил не ограничен рамками времени и пространства, он способен одновременно находиться рядом со всеми, кто призывает его. Он приходит к вам в тот момент, когда вы просите о помощи.

Рак - Архангел Гавриил

Архангел Гавриил покровительствует знаку Рака. Он правит в понедельник.

Рак под наблюдением - очень эмпатичный и чувствительный знак. Они выглядят мягкими, но очень активны. Семья - самое главное для Рака.

Архангел Гавриил известен как Ангел Воскресения, Ангел гармонии и радости. Он возвестил о рождении Иисуса Христа и общался с Жанной д'Арк.

Архангел Гавриил учит обращаться за ангельской помощью через медитацию и сны и заботится о человечестве.

Гавриил - архангел разума, к нему можно обращаться, когда возникают умственные трудности, чтобы он помог принять решение.

Архангел Гавриил - покровитель эмоций и творчества. Когда мы боремся с насилием, зависимостями, неблагополучными семьями и хотим обрести любовь, мы должны обращаться к Архангелу Гавриилу.

Архангел Гавриил предлагает вам духовность и поднимает ваш дух. Он предупреждает вас о необходимости осознания окружающих энергий.

Гавриил знает цель и миссию вашей души; его задача - помочь вам понять, каковы ваши контрактные обязательства в этом воплощении.

Архангел Гавриил повышает творческий потенциал, оптимизм, транс мутирует страхи и дает вам мотивацию. Гавриил очищает и повышает ваши вибрации, направляет вас в жизни и помогает жить верно, почитая свои таланты и способности.

Гавриил напоминает Вам, что каждый человек вносит свой вклад в развитие человечества, оставаясь тем, кто он есть. Он хочет, чтобы вы были тверды в своих убеждениях.

Этот архангел поможет вам узнать правду в конфликтных ситуациях, он даст вам больше интуиции и проницательности.

Архангел Гавриил - Ангел знания, имеет связь с духовными лидерами, указывает нам, в чем заключаются наши таланты, и показывает символы миссии вашей души, чтобы вы могли привлечь идеальные связи и возможности.

Призовите архангела Гавриила, чтобы он очистил ваше тело и разум от негативных мыслей. Призовите его на помощь во всех формах общения, включая способность говорить и заводить новых друзей.

Лев - Архангел Михаил

Михаил Архангел - начальник небесного воинства, покровительствует знаку Льва. Его имя означает *"тот, кто подобен Богу", и он является символом справедливости. Он считается величайшим из всех архангелов.*

Архангел Михаил сотрудничает с Голубым Лучом и управляет днем в воскресенье. Михаил помогает в общении и известен как Князь Архангелов.

Лев - знак, обладающий прекрасными организаторскими способностями, и он всегда готов бороться за успех. Они конкурентоспособны и верны своим близким.

Архангел Михаил помогает вам осознавать свои мысли и чувства и побуждает вас к действию. Михаил предлагает вам защиту, уверенность в себе, силу и безусловную любовь.

Архангел Михаил призван освободить нас от страха, негатива, драм и запугивания. Этот архангел отвечает за разрушение всех ди функциональных структур, таких как коррумпированные правительственные системы и финансовые организации.

Михаил - защитник всего человечества; вы можете призвать его, чтобы он укрепил вас, помог изменить направление движения и найти свое предназначение. Позвоните Михаилу, если вы чувствуете недостаток мотивации.

Этот архангел работает на сотрудничество и гармонию с другими людьми, специализируется на удалении энергетических имплантов и разрыве парализующих нас связей.

Михаил помогает нам отстаивать свои истины, не поступаясь своими принципами, он приносит мир, и когда мы готовы отказаться от старых концепций и убеждений, Архангел Михаил поддерживает нас, разрывая узы, которые связывают нас негативно и мешают раскрыть наш потенциал.

Архангел Михаил направляет тех, кто чувствует, что застрял в своей профессии, и помогает нам открыть в себе свет, давая нам мужество, когда мы сталкиваемся с трудными ситуациями.

Попросите Архангела Михаила перерезать энергетические нити, связывающие вас с ситуациями, токсичными людьми, моделями поведения и вредными эмоциями.

Люди, которые связываются с архангелом Михаилом, обладают мощью, силой и способностью к сопереживанию. Призовите Архангела Михаила для защиты своего дома и семьи, он всегда приходит, когда нам нужны силы для преодоления сложного конфликта.

Вы можете посетить их храмы во время медитации или сна, в эфирном пространстве над Канадскими Скалистыми горами.

Дева - Архангел Рафаил

Архангел Рафаил покровительствует знаку Девы и управляет днем в среду. Он является одним из главных Ангелов исцеления и предлагает шестому знаку Зодиака свои атрибуты эффективности и аналитического мышления.

Дева всегда внимательна к деталям, потому что любит изучать все варианты, прежде чем принять решение. Иногда они застенчивы и не любят привлекать к себе внимание.

Архангел Рафаил управляет зеленым лучом № 4 и известен как глава Ангелов-хранителей. Он способствует развитию интуиции и помогает нам открыть свое сердце целительным силам Вселенной.

Рафаил позволяет установить связь с духовностью и найти исцеление в универсальных энергиях. Его называют врачом ангельского царства, поскольку он может направлять свои целительные силы на устранение негативных блокировок и болезней.

Рафаэль может быть призван для исцеления нас самих и для исцеления других. Рафаэль помогает исцелять отношения и избавляться от зависимостей. Он поддерживает работников света и

и направляет нас на позитивные изменения в жизни.

Чтобы вызвать его, зажгите зеленые свечи. Вы можете посещать его храмы во время медитации или спать на эфирном плане над Фатимой (Португалия).

Весы - Архангел Ханиэль

Весы - знак, которому покровительствует архангел Ханиэль, управляет планета Венера, а день - пятница.

Весы - беспристрастный знак, который всегда стремится к равновесию между душой, разумом и духом. Они дипломатичны, стабильны и уравновешены. Дипломатичность - их наиболее яркая характеристика, поскольку они могут *видеть обе стороны конфликта, но при принятии решений немного парализованы.*

Значение архангела Ханиэль - слава Божья, и он связывается с нами через сны. Он предлагает нам защиту и гармонию. Ханиэль помогает нам в позитивных переменах, новых начинаниях и способствует равновесию в переходный период.

Ханиэль управляет миром, приносит вдохновение и помогает излечиться от зависти и ревности.

Архангел Ханиэль побуждает нас жить в настоящем моменте и видеть реальность в себе. Он призывает нас заботиться о себе и напоминает, что мы сами несем ответственность за свое душевное и духовное здоровье. Он способен превратить печаль в счастье и призывает нас уважать свои собственные природные ритмы.

Призовите архангела Ханиэль, чтобы обрести равновесие, воплотить в жизнь свои намерения и освободиться от негативных энергий. Он поможет вам сохранять спокойствие во время значимых событий, укрепляя вашу уверенность. Ханиэль наделяет духовными дарами и экстрасенсорными способностями и напоминает нам о том, что мы являемся божественными существами. Он Ангел-воин, обращайтесь к нему, когда вам нужна духовная поддержка или когда вы чувствуете эмоциональную слабость, он придаст вам решимости и энергии, чтобы доверять своей интуиции.

Скорпион - Архангел Чамуил и Азраил

Скорпион находится под защитой архангелов Азраила и Чамуила. Азраил - ангел, управляющий планетой Плутон, а Чамуил - планетой Марс и вторником.

Люди, находящиеся под влиянием Скорпиона, наделены сильными и интенсивными личностными качествами.

Скорпион обладает параноидальным характером и одержим тем, что происходит в его жизни. Они крепко держатся за то, что им принадлежит, и не желают сдаваться без боя.

Имя Архангела Азраила означает "тот, кому помогает Бог", он управляет Лучом № 2, который содержит вибрации любви и мудрости. Азраила часто называют Ангелом Смерти, и это имя напоминает нам о том, что смерть — это трансформация.

Предназначение Архангела Азраила - помогать тем, кто находится на этапе перехода от *физической жизни к духовной. Он обладает большим состраданием и мудростью, а также универсальными исцеляющими энергиями для тех, кто скорбит о потере близкого человека.*

Архангел Азраил утешает людей перед их физической смертью и следит за тем, чтобы они не страдали во время смерти, окружая родных и близких погибшего целительными энергиями.

Призовите архангела Азраила, чтобы утешить близкого человека и передать послания любви в духовную сферу. Азраил может помочь вам пройти через все стадии горя с принятием.

Азраил помогает создать в нашей жизни пространство для прихода новых энергий.

Стрелец - Архангел Задкиил

Стрельцу покровительствует Архангел Задкиил, который работает с фиолетовым лучом, управляет планетой Юпитер, а в четверг.

Стрельцы по натуре оптимисты и индуисты, но иногда они переходят границы реальности.

Имя Задкиил означает праведность Бога, но оно также связано с тьмой, инерцией. Он помогает нам открыть в себе божественные аспекты и развить навыки, которые служат нашим жизненным целям.

Задкиил - архангел свободы и прощения, он помогает в духовном пробуждении, дарует благословения и наделяет вас проницательностью. Используйте фиолетовое пламя для призыва архангела Задкиил, это поможет вам медитировать и развивать свою интуицию. К Задкиил можно обращаться, чтобы он принес прощение другим людям. Он возглавляет Ангелов Милосердия и может помочь вам быть терпимым и дипломатичным.

Целительные энергии Архангела Задкиил и его Ангелов Радости всегда помогут вам трансформировать воспоминания, преодолеть ограничения, стереть энергетические блокировки и избавиться от зависимостей. Задкиил призывает вас любить и прощать без страха и напоминает о необходимости любить себя и других безусловно.

Архангел Задкиил — это энергетический источник, стоящий за бедностью и богатством и всеми их проявлениями, поэтому он ассоциируется с удачей и случайностью. Задкиил напоминает, что удача и неудача - заслуга каждого отдельного человека, и оценивает удачу соотвественно.

Архангел Задкиил отвечает за начало и конец событий; к нему можно обратиться, чтобы положить конец болезненной ситуации. Архангел Задкиил помогает нам обрести внутреннее мужество, чтобы поступать правильно для себя и для других.

Для связи с архангелом Задки илом используйте свечи фиолетового цвета или аметистовый кварц. Архангел Задкиил связан с Вознесенным Владыкой Сен-Жерменом и защищает мистиков,

Архангел Задкиил и Святая Аметиста имеют свое эфирное пристанище, называемое Храмом Очищения, на острове Куба.

Задкиил исцеляет душевные раны и болезненные воспоминания, повышает самооценку, помогает развить природные таланты и способности.

Если вы хотите быть более терпимыми в конфликтных ситуациях, обратитесь к Архангелу Задкиил, он транс мутирует все темное и повысит ваши вибрации.

Козерог - Архангел Уриил

Козерог находится под защитой архангела Уриил. Этот архангел означает "Божий огонь", управляет Красным лучом и ассоциируется со светом, молнией и громом.

Уриэль может показать нам, как мы можем исцелить свою жизнь, помочь понять концепцию кармы и понять, почему все происходит именно так, как происходит. Уриил связан с божественной магией, решением проблем, духовным пониманием и помогает нам реализовать свой потенциал.

К Уриил следует обращаться, когда вы работаете с вопросами, связанными с экономикой и политикой. Его также можно призывать для развития интуиции.

Уриил помогает освободиться от страхов и открывает каналы для божественного общения, способствует установлению мира, помогает освободиться от навязчивых моделей поведения и приносит практические решения.

Уриил может быть призван для интеллектуальной работы, а также для распознавания света внутри нас.

Архангел Уриил имеет свое эфирное пристанище в горах Татры в Польше, и вы можете попросить, чтобы вас взяли туда, чтобы исцелить ваши страхи.

Водолей - Архангел Уриил

Водолею покровительствует архангел Уриил, что придает этому знаку гуманитарный характер.

Уриил работает с Рубиновым лучом и управляет планетой Уран.

Водолей независим и прогрессивен. Архангел Уриил помогает решать проблемы и находить решения и является одним из самых могущественных Архангелов.

Уриил помогает освободить энергетические блокировки в теле, а поскольку он известен как Ангел Спасения, то может показать нам, как мы можем исцелить свою жизнь, найти благословения в невзгодах, превратить поражения в победы и освободиться от болезненного бремени.

Уриил - Ангел трансформации, творчества и божественного порядка, он управляет миссионерами и является хранителем писателей. Он толкователь пророчеств и наших снов. Он побуждает нас взять на себя ответственность за свою жизнь и привносит в наше сознание преобразующие энергии.

К архангелу Уриил обращаются за ясностью и интуицией. Он работает над тем, чтобы развить в нас качества милосердия и сострадания.

Он предлагает защиту, учит бескорыстному служению и способствует сотрудничеству.

Архангел Уриил очищает от старых страхов и заменяет их мудростью, умилостивляет жизненное просветление для тех, кто чувствует, что сбился с пути, и испытывает эмоции, связанные с оставлением и самоубийством.

Архангел Уриил работает над искоренением страха и возрождением надежды, а также всегда стремится защитить благополучие людей, не имеющих возможности реализовать свою свободную волю.

Призовите Архангела Уриил, чтобы он помог вам раскрыть весь свой потенциал и защитил от зависти.

Вы можете попросить посетить его храмы во время сеансов медитации или в своих снах.

Архангел Уриил имеет свой эфирный ретрит в Татарских горах в Польше.

Рыбы - Архангел Азраил и Задкиил

Знак Рыб находится под защитой и наблюдением архангела Азраила и архангела Задкиил.

Архангел Азраил управляет планетой Нептун, а Архангел Задкиил - планетой Юпитер и четвергом. Задкиил работает в Фиолетовом луче.

Рыбы склонны к идеализму и чувствительности, они любят влюбляться. Во всех сферах жизни должна присутствовать романтика.

Архангел Задкиил является хранителем Фиолетового пламени, которое обладает сверхвысокой вибрационной частотой.

Архангел Задкиил известен как Ангел Понимания и Сострадания и связан с темнотой, созерцанием и воспитанием.

Задкиил призван помочь вам в духовном пробуждении, он дарует благословения, которые предназначены для того, чтобы с помощью веры расширить понимание.

Используя фиолетовое пламя, архангел Задкиил помогает вам медитировать и усиливает ваши экстрасенсорные способности. Задкиил помогает открыть наше сознание и дает нам психическую защиту.

Задкиил призывает к терпимости, помогает людям полюбить себя и соединяет нас с миссией нашей души.

Архангел Задкиил приносит исцеление нашим душевным ранам, освобождает нас и побуждает людей проявлять милосердие к другим.

Работа с Задки илом повышает самооценку, помогает вспомнить и развить свои природные таланты, навыки и способности. Позвоните Задкиил, если вам нужна помощь в запоминании конкретных деталей и фактов.

Призовите Архангела Задкиил, чтобы он помог вам исцелиться, преодолеть негативные эмоции и улучшить психические функции.

Архангел Задкиил — это энергия, стоящая за бедностью и богатством и всеми их проявлениями, поэтому он связан со случайностью. Задкиил вершит правосудие без предрассудков, но милосерден к тем, кто этого заслуживает, он отвечает за начало и конец, и к нему можно обратиться, когда нужно положить конец хаотическим обстоятельствам.

Архангел Задкиил может пробиться через заблокированные или застойные энергии, вызванные гневом и чувством вины.

Задкиил и Святой Аметист имеют свое эфирное святилище на острове Куба.

Ангел-покровитель вашего знака Зодиака

Часто мы чувствуем себя одинокими, лишенными физической и эмоциональной защиты. Даже если вы не видите этого, ваш Ангел-хранитель или духовные наставники всегда находятся рядом с вами, с самого вашего рождения, защищая вас. Призывайте имя своего Ангела в те моменты, когда вы чувствуете, что вам нужна помощь или совет, решите вверить свою жизнь в их руки, и они поведут вас по лучшему пути.

Овен. Ангел Анауэль

Этот ангел наделяет знак Овна несокрушимым здоровьем и защитой от темных сил зла, среди которых зависть. Овны обладают несгибаемым характером, они быстро впадают в отчаяние и гнев, но их сострадание и восприимчивость открывают перед ними все двери. Этот Ангел-Хранитель известен также как Ханиэль или Ариэль. Это Ангел творчества и чувственности.

Он организует успех в супружеских парах, любовь и предотвращает сердечные страдания.

Телец. Ангел Уриэль

Уриэль *всегда будет приходить в Вашу жизнь, когда он нужен для сдачи экзаменов, медицинских исследований, а также при проблемах с разлукой. Уриэль всегда будет защищать ваш дух и просвещать ваш разум, чтобы вы могли принимать правильные решения.*

Близнецы. Ангел Эяэль

Эяэль *всегда будет защищать Вас от невзгод и избавлять от несправедливости, особенно там, где Вы работаете. Этот Ангел невероятно своеобразен, он знает, с кем Вам полезно общаться, то есть он заставит Вас окружить себя влиятельными людьми, которые помогут Вам*

добиться успеха. Этот Ангел побуждает Вас всегда смотреть на вещи с положительной стороны и поощряет Ваши чувства щедрости и желание помогать другим.

Рак. Ангел Рошель

Рошаль наделяет представителей знака Рак прекрасным зрением, позволяющим обнаружить опасность, а также творческими способностями и талантом открывать скрытые тайны. Он уничтожит все ваши страхи и врагов. Попросите его наделить вас ясностью, проницательностью и хитростью.

Лев. Ангел Нельхаэль

Нельхаэль будет оберегать Вас от печали и низкой самооценки. Он защитит Вас от людей, клевещущих на Вас из зависти, поможет Вам выполнять взятые на себя обязательства и нести *ответственность. Под его влиянием вам будет легче справляться с проблемами повседневной жизни. Нельхаэль окажет вам поддержку в самые мрачные и печальные минуты.*

Дева. Ангел Мелахель

Мелахель *при обращении к нему изгоняет насилие из вашей жизни и вашего окружения. Этот ангел дает энергию, которая отгоняет ваших врагов или делает вас невидимым. Он также связан с гармонией и исцелением. С его помощью вы сможете установить связь со Вселенной и насладиться тайнами природы.*

Весы. Ангел Ератель

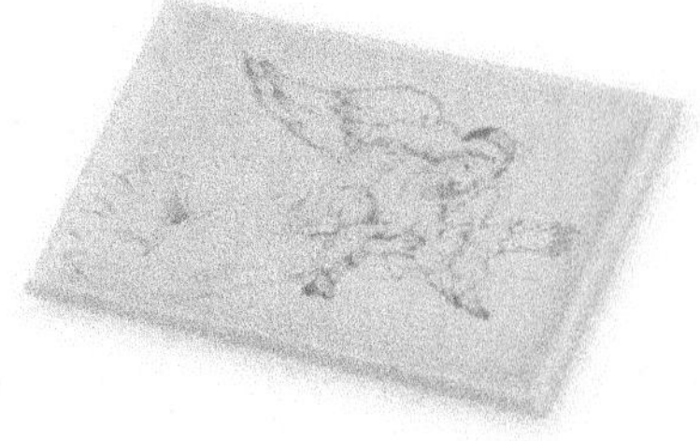

Ератель дает представителям *знака Весов много ума и проницательности, чтобы уметь*

распознавать своих врагов. Этот Ангел наделяет Вас ясностью и способностью к размышлению, что позволит Вам окружать себя нужными людьми. Ератель наделяет Вас оружием справедливости и позволяет быть мудрым и терпимым. Обращаясь к Ератель, вы достигнете успеха.

Скорпион. Ангел Азраил

Азраил, известный как архангел смерти, спасет вас от несправедливости и одновременно обновит ваш образ и надежды. Он напомнит Вам, что Вселенная любит Вас, направит на путь любви, нежности и гармонии в доме. Если вы хотите встретить подходящего партнера для создания прочных отношений и создания семьи, призовите этого Ангела.

Стрелец. Ангел Умабель

Умабель отталкивает зависть от ваших отношений, а также чувства, которые могут вам навредить, такие как гнев, ревность и ненависть. Он наделяет вас красноречием, необходимым для спокойного и внятного изложения мыслей. Он наделяет вас искусством убеждения. Вы знаете, как склонить чашу весов в свою пользу, совершенствуете свои коммуникативные навыки, чтобы уметь объяснить важные вещи. Он помогает вам принимать правильные решения в нужное время.

Козерог. Ангел Ситаэль

Ситаэль, создайте вокруг себя щиты, организуйте свою жизнь, а если не знаете, по какому пути идти, подумайте об этом, и вы мгновенно сориентируетесь. Если вы хотите улучшить свое

материальное положение, излечиться от болезни
или переехать, измениться, призовите этого
Ангела и ждите чуда.

Водолей. Ангел Гавриил

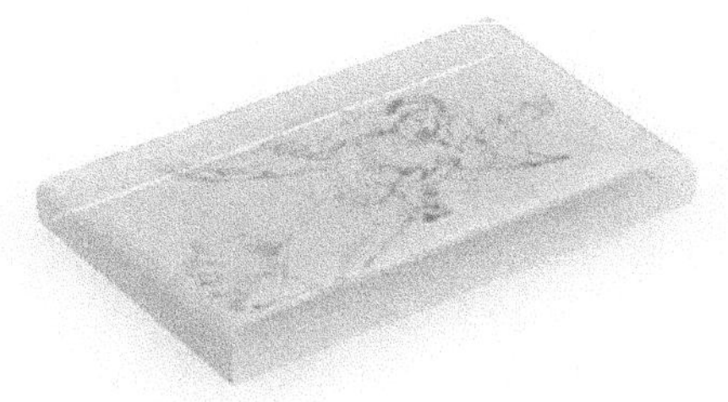

Гавриил будет сражаться день за днем, чтобы вы
могли вести свои битвы. Если вам нужна помощь,
потому что есть люди, которые хотят
причинить вам вред или подвергнуть вас
опасности, обратитесь к этому Ангелу за
защитой. Если вы боитесь, что кто-то совершит
по отношению к вам несправедливость, то,
обратившись к этому Ангелу, вы наверняка
обезвредите своего врага.

Рыбы. Ангел Даниил

Даниил всегда будет оберегать вас от болезней и
физической боли, вы всегда будете выходить из

всех казусов и аварий, которые случаются на вашем пути.

Ангельские числа и их значения

Мы развиваемся духовно, и с каждым днем числовые последовательности видят все больше людей. Эти послания, приходящие из высшего источника, то есть от наших Ангелов или духовных наставников, имеют целью направить вас.

Ангелы хотят привлечь наше внимание и общаются с нами через эти последовательные числа. Так они помогают нам исцелить нашу жизнь. К сожалению, некоторые игнорируют эти знаки, считая их совпадениями, в то время как они являются синхронизмом.

Ваши Ангелы посылают вам сообщения через последовательности чисел, они могут очень тонко шептать вам на ухо, чтобы вы посмотрели в определенное место и обратили внимание на время на часах или на номер на рекламе. Они могут показать вам значимые последовательности чисел на физическом плане, поставив перед вами в пробке машину с определенным номером.

Когда вы заметите, что числовая последовательность повторяется, спросите у Ангелов, что они хотят вам сказать, и вы увидите, что они дадут вам необходимую информацию. Ревностно следите за своими мыслями и думайте только о том, чего вы хотите, а не о том, чего вы не хотите.

Числа, расположенные в последовательности, имеют особый смысл, эти числа несут в себе послания в трех измерениях и направляют нас в нашей жизни.

Когда вы научитесь интерпретировать эти числа, вы почувствуете более тесную связь с Ангелами, а эта связь - ключ, который откроет вам дверь к миру, надежде и любви.

Каждое число обладает вибрациями, которые напрямую связаны с их значениями, и Ангелы обращают наше внимание на эти последовательности чисел, потому что чувствуют преданность и любовь к нам. Когда вы заметите последовательность чисел, постарайтесь прислушаться к тому, что хочет сделать или узнать ваш Ангел.

Чем чаще вы будете видеть эти знаки, тем чаще они будут появляться в вашей жизни. Когда вы *поймете значение этих чисел и примете, что это не совпадения, а важные, целенаправленные послания, вы научитесь общаться со своими Ангелами.*

Эти последовательности чисел могут быть датами рождения, юбилеями, телефонными номерами или номерами автомобилей и являются тонким напоминанием о том, что в вашей жизни происходит нечто волшебное. Только от вас зависит, сможете ли вы обратиться к своей интуиции и понять, о чем говорят эти послания и что они для вас значат.

Как читать ангельские числа

Числа окружают нас в повседневной жизни, и когда мы узнаем и интерпретируем эти числовые последовательности, мы можем почувствовать более тесную связь с нашими Ангелами. Эта связь

позволяет нам установить мощную связь с ангельским царством.

Интерпретация этих числовых последовательностей - эффективный способ получения посланий от ангелов-хранителей и духовных наставников. Вы всегда должны использовать свои интуитивные способности.

Важные числа ангела в 2024 году

111: Вам следует относиться к жизни с меньшим энтузиазмом и считать свои благословения.

222: Вы должны оставаться верными своим духовным убеждениям.

333: научитесь выражать свои чувства.

444: Вы находитесь на перепутье, и вам необходимо принять духовность.

555: Вас ожидает личная эволюция или физические перемены.

666: Вы застряли в своем прошлом и должны отпустить его, чтобы добиться успеха.

777: Ваши Ангелы хотят аплодировать вам, хвалить вас и поощрять вас продолжать идти тем же путем, которым вы идете.

888: Вселенная поддерживает ваш путь и желает вам много успехов.

808: Ваши Ангелы хотят, чтобы Вы исследовали новые таланты и открыли себя для новых возможностей.

818: Преодолейте свои ограничения, вы сильнее, чем вам кажется.

999: Вы собираетесь начать новую главу в своей жизни.

***1155**: Используйте свою личную свободу, чтобы стать лучше.*

***1221**: Будьте оптимистами и двигайтесь вперед. Вас ждут великие победы.*

***1144**: если вы чего-то хотите, будьте смелыми и добивайтесь своей мечты.*

Часто встречайте свой день рождения.

Если вы часто видите цифры даты рождения, это говорит о том, что вам следует сосредоточиться на поиске своего предназначения в жизни и миссии своей души. Увидев дату своего рождения, вы вспомните, почему вы родились и зачем находитесь на планете Земля в данный момент.

Порядок следования цифр в последовательности чисел

Порядок следования цифр в последовательности имеет значение. Если вы видите, что в последовательности три цифры, то в центре внимания оказывается средняя цифра, так как она представляет собой ключ к сообщению,

Каждое число должно быть проанализировано независимо, затем все цифры должны быть сложены до тех пор, пока они не сведутся к единице.

Пример*: последовательность чисел 172 может быть интерпретирована различными способами. Сначала нужно интерпретировать число 7. Затем каждую цифру в отдельности 1, 7 и затем 2. Все число 172 должно быть сложено и сведено к одной цифре 1 + 7 + 2 = 10 (1 + 0 = 1). Таким образом, число 1 является наиболее значимым в данной числовой последовательности. Помните, что для расшифровки сообщения всегда следует использовать свою интуицию, и неважно, если вы не понимаете сообщение с человеческой точки зрения, его понимает ваше подсознание.*

Числовая последовательность. Повторение 0

Число 0 связано с медитацией. Начальная точка, совокупность и непрерывные циклы. Или это Альфа и Омега.

Число 0 заключает в себе атрибуты всех чисел. Альфа — это начало, а Омега - конец. Все числа с цифрой 0 приближают вас к универсальной энергии.

Число 0, если оно повторяется, то его послание связано с духовными аспектами, поскольку 0 символизирует начало духовного пути и возможную неопределенность. Когда 0 повторяется, оно просит вас прислушаться к своей интуиции - именно там вы найдете все ответы.

***Последовательность 00** относится к медитации. Вселенная подчеркивает, что вы должны быть внимательны.*

***Последовательность 000** требует, чтобы ваши мысли и желания носили позитивный характер, поскольку именно это вы будете привлекать в свою жизнь.*

***Последовательность 0000** указывает на то, что ситуация или проблема имеет конец.*

В сочетании с другим числом потенциал числа 0 усиливается и стимулирует энергии и вибрации числа, с которым оно сочетается.

Последовательность чисел. Повторение 1

Число 1 обладает вибрациями нового начала, индивидуальности, успеха, силы и творчества.

Число 1 — это число, с которого начинается любое проявление. Это энергия, которая инициирует все действия, это число новых проектов, смелости и стремления к расширению на всех уровнях.

Все числа делятся на 1. Мы все едины, следовательно, все мы связаны. Когда появляется Ангел с номером 1, это сигнал к тому, чтобы проанализировать свои мысли и сосредоточиться на своих желаниях с позитивным настроем.

Ангел с номером 1 говорит о переменах и новых действиях, которые потребуют решимости, чтобы цель была достигнута. Это означает, что открылась энергетическая дверь, которая быстро воплотит ваши мысли в реальность. Вы должны выбирать свои мысли, чтобы они соответствовали вашим желаниям. Не концентрируйтесь на страхах, так как они могут проявиться в вашей жизни.

Число 11 *является главным числом и связано с миссией нашей души. Суть послания этой последовательности чисел заключается в том, чтобы развивать свою интуицию и метафизические способности. Число 11 символизирует начало вашего духовного просветления. Если число 11 появляется неоднократно, значит, Ангелы просят вас обратить внимание на свои повторяющиеся мысли и идеи.*

*При появлении **числовой последовательности 111** необходимо внимательно следить за своими мыслями и думать только о том, чего вы действительно хотите.*

Последовательность 1111 *появляется у многих людей и является знаком того, что перед вами открываются возможности, а ваши мысли проявляются со скоростью света. Число 1111 означает, что Вселенная только что сделала снимок ваших мыслей и воплощает их в материальной форме.*

Последовательность чисел. Повторение 2
Число 2 *связано с энергиями мира, дипломатии, справедливости, альтруизма и гармонии.*

Число 2 — это *вибрация равновесия, интуиции и эмоций. Это число толерантности, и если вы часто видите его, то это означает, что вы должны верить, доверять и проявлять мужество, когда ваши желания проявляются. Необходимо терпение, но все будет хорошо.*

Суть мастер-числа 22 заключается в потенциале овладения всеми сферами: духовной, физической, эмоциональной и ментальной. Число 22 — это баланс и новые возможности.

Когда Ангел с номером 22 повторяется в вашей жизни, он просит вас занимать уравновешенную, спокойную позицию во всех сферах вашей жизни. Послание заключается в том, чтобы сохранять веру.

*Послание **ангельского номера 222** заключается в том, что в целом все сложится хорошо, поэтому не стоит направлять свою энергию на негативные вещи.*

***Числовая последовательность 2222** указывает на то, что вы должны продолжать поддерживать свои позитивные мысли путем позитивного утверждения и визуализации. Вознаграждение не за горами.*

Последовательность чисел. Повторение 3

***Число 3** связано с вибрациями и энергиями свободы, вдохновения, творчества, роста, интеллекта и чувствительности.*

Число 3 означает прилив энергии и представляет собой изобилие на физическом, эмоциональном, ментальном, финансовом и духовном уровнях.

*Если **Ангел с номером 3** появляется очень часто, это означает, что Вознесенные Владыки находятся рядом с Вами. Они ответили на ваши молитвы и хотят помочь вам в осуществлении миссии вашей души.*

***Число 33** является Числом Мастера, и его послание заключается в том, что все возможно. Если вы задумали что-то изменить в своей жизни, число 33 говорит о том, что если цель этого* изменения и ваши намерения носят позитивный характер, то ваши желания обязательно проявятся.

Последовательность чисел 333 посылает вам сообщение о том, что вы должны верить в человечество. Вознесенные мастера работают на всех уровнях, и они защищают вас. Они будут направлять вас на вашем пути.

Числовая последовательность 3333 указывает на то, что Вознесенные Владыки и Ангелы находятся в это время рядом с Вами, они знают о Вашей ситуации и знают, как лучше поступить. Они помогут вам.

Последовательность чисел. Повторение 4
Число 4 связано с энергиями трудолюбия, практичности, продуктивности и верности.

Число 4 символизирует четыре стихии: Воздух, Огонь, Вода и Земля, а также четыре кардинальные точки: север, юг, восток и запад. Оно символизирует принцип облечения идей в форму и указывает на то, что вокруг вас находятся ваши Ангелы. Ангелы предлагают вам поддержку и силу, чтобы вы могли выполнить необходимую работу. Они понимают, что вы работаете над достижением своих целей, и будут помогать вам.

Числовая последовательность 44 *указывает на то, что Ангелы поддерживают вас и что у вас есть сильная связь с ангельским царством.*

*Послание последовательности **ангельских чисел 444** заключается в том, что вам нечего бояться, потому что все происходит так, как должно происходить, и все очень хорошо. То, над чем вы работали, будет успешным. Повторение числа 444 указывает на то, что вы окружены Ангелами, оказывающими вам поддержку.*

***Ангельская числовая последовательность 4444** указывает на то, что Вы окружены Ангелами, которые наблюдают за Вами и поддерживают Вас в повседневной жизни. Они побуждают вас продолжать работать над достижением своих целей. Число 4444 — это сигнал о том, что помощь, в которой вы нуждаетесь, находится рядом.*

Последовательность чисел. Повторение 5

Число 5 *связано с атрибутами личной свободы, индивидуализма, жизненных перемен и усвоенных жизненных уроков.*

*Когда появляется **Ангел с номером 5**, это говорит о том, что в Вашей жизни грядут перемены, но они будут к лучшему. Энергии накапливаются для того, чтобы подтолкнуть к необходимым* переменам. Эти перемены придут неожиданно, но они принесут положительные возможности, которые подтолкнут Вас в правильном направлении.

Числовая последовательность 55 — это *послание от ваших Ангелов о том, что пришло время освободиться от ограничений, которые сковывали вас в прошлом. Пришло время жить. Число 55 предвещает грядущие глубокие перемены, если они уже не происходят вокруг вас.*

Последовательность чисел 555 указывает на *то, что в Вашей жизни ожидаются грандиозные перемены. Число 555 говорит вам о том, что эти значительные преобразования уже наступили и что вы можете открыть для себя удивительную жизнь, которой вы заслуживаете как духовное существо.*

Числовая последовательность 5555 — это *сообщение о том, что в вашей жизни грядут серьезные перемены,*

Последовательность чисел. Повторение 6
Число 6 *символизирует целостность, мир, альтруизм и рост.*

Когда Ангел с числом 6 появляется неоднократно, это говорит о нашей способности использовать свой интеллект для достижения положительных результатов. Когда появляется число 6, ваши Ангелы говорят вам о том, что необходимо привести в равновесие свои мысли, освободиться от сомнений и беспокойства по поводу финансовых вопросов.

Ангельское число 66 — это послание о том, что нужно довериться Вселенной и своим Ангелам, что Ваши желания, касающиеся семьи и общественной жизни, будут исполнены. Повторение числа 66 говорит о том, что необходимо постоянно концентрировать свои мысли на достижении поставленных целей.

Число 666 указывает на то, что пришло время сосредоточиться на своей духовности, чтобы исцелить любые проблемы в своей жизни. Число 666 просит вас быть восприимчивым, чтобы получить и принять помощь, в которой вы нуждаетесь. Ангельское число 666 может также указывать на то, что ваши мысли выведены из равновесия.

Числовая последовательность 6666

указывает на то, что ваши мысли выведены из равновесия, и вы сосредоточены на материальных аспектах жизни. Энергии процветания отвлекаются, а беспокойство мешает Вам.

Ангельский номер 6666 *просит Вас сбалансировать свои мысли между духовным и материальным, сохранять веру и доверие в то, что Ваши материальные и эмоциональные потребности будут удовлетворены.*

Последовательность чисел. Повторение числа 7

Число 7 связано с энергиями духовности, мудрости и внутренней мудрости.

Число 7 - мистическое число, символизирующее глубокую внутреннюю потребность человечества в духовной связи.

Число ангела 7 *указывает на то, что вы находитесь на правильном пути и что все будет идти к вам свободно. Ваша задача - сохранить энтузиазм.*

Повторение цифры 7 говорит о благоприятном времени для успеха и самоконтроля и указывает на то, что ваши амбиции могут быть реализованы, а трудности преодолены.

Числовая последовательность 77 означает, что вы находитесь на правильном пути. Вы должны твердо стоять на ногах.

Ангельский номер 777 *уведомляет Вас о том, что настало время пожинать плоды Ваших трудов и* *усилий. Ваши желания исполнятся. Число ангела 777 — это позитивный знак.*

Последовательность 7777 *— это послание ваших Ангелов о том, что вы находитесь на правильном пути и ваши мечты и желания проявляются в вашей жизни. Это исключительно позитивный знак, означающий, что на вашем пути еще много чудес.*

Последовательность чисел. Повторение 8

Число 8 связано с энергиями богатства, денег, власти, бизнеса, инвестиций, независимости, мира и любви к человечеству.

Ангельское число 8 указывает на то, что финансовое изобилие уже на подходе к вашей жизни. Будучи числом кармы, 8 означает, что вы получите вознаграждение.

Повторение числа 88 говорит о том, что *необходимо следить за своими финансами, и предполагает, что упорный труд будет по достоинству вознагражден.*

Числовая последовательность 888 *указывает на то, что цель вашей жизни поддерживается Вселенной. Вселенная щедра и хочет вознаградить вас, поэтому в вашу жизнь придет финансовое* благополучие. Это также может указывать на завершение определенного этапа в жизни.

Числовая последовательность 8888 указывает на то, что в конце туннеля есть свет, и побуждает вас наслаждаться плодами своего труда.

Последовательность чисел. Повторение 9
Число 9 относится к вибрациям интеллекта, сострадания и интуиции.

Когда появляется ангельское число 9, это сигнал о том, что ваша жизненная цель и миссия души состоит в том, чтобы служить своим талантам и увлечениям. Оно указывает на завершение какого-то этапа или отношений в вашей жизни.
Последовательность чисел 99 — это сообщение о том, что необходимо помнить о позитивной и успешной жизни на всех уровнях.

Число 999 указывает на то, что мир нуждается в том, чтобы вы использовали свои таланты, вы Работник Света, и Ангелы просят вас реализовать свой потенциал.

Числовая последовательность 9999 — это послание людям, которые являются посланниками света на планете Земля, чтобы они продолжали ярко светить.

Овен. Карта ангела Задквиля

Задкиэль - Ангел милосердия; он символизирует альтруизм и личное бескорыстие в пользу других. Задкиэль поможет вам стать сострадательным человеком. Он поможет вам найти потерянные предметы, улучшит вашу память, поможет исцелиться физически, эмоционально и душевно. Задквиль будет поддерживать Вас, когда Вы научитесь прощать себя и других, запоминать ценную информацию и учиться. Если вы хотите избавиться от предрассудков, обратитесь к архангелу Задкиил, поскольку одна из его главных задач - помочь вам увидеть свой внутренний свет.

Вы перестанете воспринимать свои ошибки как негативные аспекты своей жизни и начнете видеть в них уроки. Вы также будете воспринимать свои недостатки как благословения, потому что совершенства достичь невозможно, и даже в хаосе есть красота.

Вы будете искать способы сосредоточиться на том, чтобы стать лучшей версией себя, лучшим человеком, которого вы можете себе представить. Архангел Задкиил — это высшее существо, которое можно призвать, когда вы чувствуете разочарование, печаль или негатив. Его воинство поможет вам найти положительную сторону в любой ситуации и улучшить эмоциональное состояние.

Пора избавиться от чувства вины за совершенные в прошлом ошибки. Отдайте себе должное за то, что вы сделали все возможное, даже если результаты оказались не такими, как хотелось бы. Сосредоточьтесь на тех изменениях, которые вы произвели и которые сделали вас лучше.

Телец. Ангельская карта Уриил

*Ангел ключей **Уриил** предупреждает вас о том, что нужно вступать на новые пути и остерегаться дурного влияния. Если вы начинаете сомневаться в себе или теряете веру, эта карта напоминает вам, что все возможно благодаря обучению. Знания могут открыть все двери, а новые навыки - все замки. Пламя знаний никогда не*

угасает и находится в пределах вашей досягаемости.

Уриил никогда не поведет вас по неопределенному пути без причины. Он поддерживает вас на вашем пути, позволяя говорить свою правду и становиться лучшей версией себя.

Эта карта напоминает вам о том, что вы мудрее, чем думаете, и ваша внутренняя мудрость даст вам ответы на все вопросы. Примите это знание и доверьтесь ему. Если вы сомневаетесь, попросите ее дать вам очевидные знаки, подтверждающие ваши идеи.

Уриил помогает осветить мутные ситуации. Однако он освещает только один шаг за раз, поэтому вы можете не увидеть четкого результата своих действий. Вы должны доверять, потому что с помощью Уриил вы узнаете, какой шаг нужно сделать дальше, на этом пути.

Никогда не забывайте, что прощение способно творить чудеса. Когда вы отпускаете прошлое, с ваших плеч сваливается груз, и на вас наваливается чувство свободы. Попросите Уриил помочь вам избавиться от печали или боли, причиненной другими людьми, чтобы вы могли стать свободными.

Близнецы. Карта ангела Рафаэля

Он олицетворяет силу и личное великолепие.

Для достижения успеха необходимо использовать свою индивидуальность. Самый мощный дар Рафаэля - его способность преображать жизнь с помощью каскада положительной энергии. Получить доступ к этому каналу энергии можно с помощью аффирмаций или медитативных техник. На протяжении всей истории человечества

Рафаил неоднократно появлялся в различных религиях, что делает его архангелом, доступным для людей всех вероисповеданий.

Сейчас не время отказываться от больных отношений. Еще есть надежда на будущее.

В Вашу жизнь придут существенные перемены. Вы можете начать новую карьеру, вступить в новые отношения, переехать в новый дом или город. Примите эти волнующие события, Рафаил будет рядом с Вами на протяжении всего пути.

Помните, что будущее всегда меняется. Если вам не нравится результат, это ваша возможность внести изменения, которые его изменят. Если вас устраивает этот результат, оставайтесь на своем нынешнем пути. Чтобы сохранить текущий путь, продолжайте делать то, что делаете. Успокойтесь или измените интенсивность своей работы.

Рафаэль поможет вам осознать последствия ваших действий и ваше предназначение в жизни.

Рак. Ангельская карта Ханиэля

Он олицетворяет все то хорошее, что предлагает нам земля. В вашей жизни наступит новый успешный этап.

Ханиэль, возможно, просит вас притормозить и хорошенько обдумать действия, которые вы планируете предпринять.

Ханиэль пытается направить вас к более высокому выбору, поэтому отбросьте все, что, как вам кажется, вы знаете о своих текущих обстоятельствах или ситуации, и просто позвольте Вселенной и Ханиэля указать вам путь.

Когда необходимо принять важное решение, этот Ангел через синхронизацию пошлет вам множество сигналов о том, какой путь следует выбрать. Важно, чтобы у Вас было время перестроиться, так как этот Ангел может прийти, чтобы дать Вам необходимые в данный момент указания.

Это письмо появилось для того, чтобы принести вам послания надежды, а также указать на то, что настало время начать более внимательно относиться ко всем посланиям, которые посылают вам Вселенная и Ханиэль.

Возможно, вам нужны ответы на какие-то сложные вопросы, или вы задаетесь вопросом, наладится ли что-нибудь в вашей жизни. Ханиэль явился, чтобы сказать, что так и будет, однако тщательно обдумывайте то, что вы говорите другим, и то, что они говорят вам. Ханиэль никогда не осудит Вас за то, что Вы думаете или говорите, однако он призывает Вас сосредоточиться на тех вещах, которые приносят Вам чувство радости, покоя и благодарности.

Лев. Карта ангела Гавриила

Гавриил показывает вам двойственность хорошего и плохого. Он предвещает Вам путешествия,

В Вашей голове могут появиться мысли, которые Вас удивят. Важно помнить, что чем сильнее ваша эмоциональная реакция на них, тем больше внимания вы должны им уделять. Обратите внимание на то, что говорят вам другие люди, что соответствует тому, о чем вы подумали. Когда вы попросите Габриэля подтвердить, что то, о чем вы подумали, - правда, он всегда будет действовать быстро, поэтому будьте внимательны.

Возможно, вам захочется провести время за медитацией или чтением книг по самосовершенствованию. Гавриил призывает вас к этому, поскольку знает, как важно наполнять свой разум позитивными мыслями.

Габриэль позволяет вам понять, что, когда вы вносите изменения в свою жизнь и сталкиваетесь с трудностями, вы находитесь в полной безопасности. Он знает, что для вас будет лучше. Помните, что, когда вас просят подождать, это означает, что для вас приготовлено нечто лучшее, чем вы могли себе представить. Поэтому вы должны принять эту ситуацию.

Не спешите, когда видите что-то, что может сломить вашу волю. Следующая дверь откроется, когда придет время, и у вас появятся новые силы.

Дева. Ангельская карта Ремиэля

Ремиэля олицетворяет милосердие Бога, показывающее, что от вас что-то скрывали. В 2024 году важно посвятить себя приобретению новых знаний, идей и навыков. Вы захотите начать учиться, и эта карта побуждает вас следовать этому желанию.

Если Вы в настоящее время учитесь, то Remiel просит Вас продолжить обучение. Иногда в процессе приобретения новых знаний и навыков возникает желание поскорее оценить их на практике, и это приводит к тому, что многие люди рано бросают учебу.

Эта карта советует не торопить события. Продолжайте свое образование. Личностный рост, сопровождающий обучение, может принести Вам радость.

Ремиэля знает, что в жизни у Вас много обязанностей, поэтому Вам необходимы время, деньги и другие ресурсы. Эта карта хочет напомнить Вам, что регулярные развлечения могут помочь Вам в достижении Ваших целей. Веселитесь и смейтесь, расслабьтесь. В таком состоянии Вы становитесь более восприимчивы к новаторским идеям, духовным связям, учениям и божественной энергии.

Кроме того, ваша жизнерадостность привлекает к вам множество замечательных людей, которые могут вам помочь. Ваш жизнерадостный взгляд на мир открывает перед Вами новые возможности.

Весы. Карта ангела Святого Михаила

Архангел Михаил олицетворяет справедливость и победу сил добра над злом.

Вы не обязаны прощать ошибки, но если вы простите человека, то обретете покой. У вас много негативных эмоций, и Михаил призывает вас очистить свою душу, он понимает, что эти чувства могут быть совершенно оправданными, но он просит вас увидеть ту высокую цену, которую вы платите за накопление всего этого гнева.

Избавьтесь от боли и гнева прошлого. Когда вы прощаете себя и других, ваша карма очищается от груза прошлых ошибок.

Вся сила Творца находится внутри вас. Вся сила божественной любви и мудрости находится в вашем распоряжении. Вы можете видеть ангелов и будущее, а также обладаете интеллектом, чтобы познать вселенскую мудрость божественного разума.

Благодаря своей эмоциональной силе Вы сможете противостоять другим людям, а Ваши экстрасенсорные возможности в 2024 году станут поистине безграничными. Ангелы просят вас устранить все страхи, связанные с применением силы. Они видят вашу истинную силу, излучаемую Божественной Любовью. Позвольте себе сиять этой любовью, чтобы ваша истинная сила могла совершать чудеса, в которых вы нуждаетесь.

Иногда вам может казаться, что вы являетесь заложником жизненных обстоятельств, но эта карта просит вас понять, что вы сами являетесь своим пленником. Как только вы поймете, что можете вырваться на свободу, вы сразу же станете свободным.

Все, что вы делаете в своей жизни, вы делаете по своему выбору. Даже заключенные свободны в выборе своих мыслей, а значит, могут обрести покой и счастье при любых обстоятельствах. В следующий раз, когда вы начнете предложение со слов "Я вынужден...", остановитесь. Попросите Михаила показать вам альтернативные варианты. Он поможет вам.

Скорпион. Ангельская карта Разила

Он Ангел тайн и загадок. Он откроет вам в 2024 году тайны земного и духовного мира.

В этом году в Вашей жизни начинается период духовного роста, и, хотя Вы будете испытывать смешанные чувства растерянности, страха и удивления, Вы не должны терять самообладания. Отбросьте свои страхи. Разил поддерживает Вас, любит и направляет каждую секунду. Не беспокойтесь о том, как ваше будущее будет гармонировать с вашим ростом.

Во сне Вы получите важные сообщения. В Вашей жизни наступает время чудесных перемен, поэтому доверьтесь Разиэлю, он позаботится именно о том, чего Вы хотите.

Изменения в вашей жизни могут быть болезненными, если вы не проявляете гибкости в своих мыслях. Если у вас появилась новая любовь, помните, что прошлое остается в прошлом, вдали от нового счастья.

Вам необходимо расширить свои горизонты, и Разиэль здесь, чтобы помочь вам. Пришло время прислушаться к своему сердцу. Помните о важности такта и не будьте слишком упрямы. Доверяйте себе. Не волнуйтесь. С какими бы трудностями вы ни столкнулись, вы на пути к спокойствию.

Вы нуждаетесь в утешении, и этот ангел дарит вам веру. Вскоре вы можете оказаться на пути к счастью и гармонии, которые вам так необходимы. Совершайте благотворительные поступки, это поможет вам чувствовать себя лучше, и вы получите добро в ответ.

Стрелец. Ангельская карта Метатрон

Он олицетворяет величие и силу, которыми должен обладать человек. Приглашая Метатрона в свою жизнь, вы открываетесь для получения духовного и энергетического исцеления, очищаетесь от всего негативного. Вы получаете защиту от болезней и, конечно же, приближаетесь к трансформации.

Вы должны уважать все эмоции, которые испытываете в данный момент, независимо от того, хорошие они или плохие. Эмоции могут многое рассказать нам о наших истинных чувствах и о людях или ситуациях, которые их вызвали.

Возможно, вы получаете обратную связь от других людей, и это зеркало для вас, чтобы увидеть то, что внутри.

Метатрон защищает вас, обрывая путы, привязывающие вас к людям, местам и вещам. Если вам страшно, не хватает смелости или вы нуждаетесь в защите, представьте себе его защитную мантию вокруг себя, помогающую вам жить по правде. Это особая карта. Вас направляют и поддерживают. Метатрон сейчас находится рядом с вами, и у него есть особое послание, которым он хочет с вами поделиться. Закройте глаза, сделайте несколько глубоких вдохов, погрузитесь внутрь себя и расслабьтесь. Прислушайтесь к полученному совету.

Вы совершенны, и это духовный факт. Метатрон нежно обнимает вас и дает вам понять, что вы совершенное духовное существо. Вы не одиноки, что бы вы ни чувствовали. Передайте все свои заботы в его руки и позвольте ему исцелить ваши проблемы с помощью божественного руководства.

Ваша жизнь имеет смысл, и каждый шаг является важной частью вашего путешествия, но *будьте уверены, что вы всегда защищены и что все ангелы наблюдают за вами с большой любовью. Доверяйте.*

Козерог. Карта ангела Рагуэля

Это Ангел, который дает советы мужчинам, направляя их на жизненный путь.

Ваша вторая половинка появится в вашей жизни. Если вы свободны, рассматривайте карту как знак Рагуэля о том, что ваша вторая половинка присутствует.

Предположим, что вы находитесь в отношениях и знаете, что это не ваша вторая половинка. В этом случае вас и вашего партнера будут мягко направлять на улучшение отношений или на их благополучное завершение, чтобы получить новые отношения с вашей половинкой.

Сосредоточение на своих сердечных желаниях и лучший контакт с высшим "Я" помогут Вам завершить все хлопотные дела и вопросы, которые Вы откладывали. У Вас есть список целей на этот 2024 год, Вам следует очистить свой разум и лучше сосредоточить свои мысли на том, чего Вы действительно хотите, и Вы сможете достичь своих желаний.

Визуализация своих желаний - это самый быстрый способ открыть дверь во Вселенную и предложить ей исполнить их. Не беспокойтесь о том, как ваши желания придут к вам. Оставьте это в руках Вселенной.

Прислушайтесь к своему высшему "Я" и попросите ангелов направлять вас. Начинайте действовать, как только почувствуете, что вас вдохновляют. Иногда результаты могут оказаться не такими, как вы ожидали, но в этом и заключается красота жизни и Вселенной. Вас направляют к тому, что вам действительно нужно.

Водолей. Карта ангела Амиэля

Он предвещает изменения, к которым вам придется приспосабливаться, и неизведанные места, которые вы посетите.

Позволяйте себе проводить время с семьей и друзьями. Вы можете черпать много сил у тех, кто вас любит. Если у Вас есть проблемы с кем-то из членов семьи или друзей, Amiel рекомендует Вам вынести их на поверхность.

Освобождение и исцеление освободят вас, что создаст для вас более благоприятные возможности. Или простой акт проведения качественного времени с близкими людьми даст положительные результаты.

По мере духовного развития вы будете становиться все более чувствительными к плотным, негативным вибрациям реальности наряду с высшими измерениями любви. Эта карта призывает очистить свое энергетическое пространство.

В этом году сделайте спокойный вдох и представьте, что вас окружает шар белого света. Амиэля приносит вам благословения.

Ваши молитвы будут услышаны и услышаны. Любовь, финансы, дружба и семья будут зависеть от вашего отношения к себе. Попросите Амиэля помочь вам относиться к себе с уважением, которого вы так достойны. Когда вы находитесь в таком состоянии самоуважения, вы полны положительной энергии, которая перетекает в окружающих вас людей. Благодаря этому вы можете привлекать позитивные и наполненные любовью отношения.

Рыбы. Ангельская карта Добиэля

Посланник божественных тайн.

Будь то ангелы, семья, соседи или друзья, вы получите помощь. Прося о помощи, вы позволяете Вселенной действовать от вашего имени. Верьте, что вас приведут к нужному человеку или ситуации, которые помогут вам в любом деле.

Мы не острова сами по себе и не обязаны решать все проблемы самостоятельно. Ангелы любят делиться, а общая проблема — это уже половина проблемы. Никогда не бойтесь просить о помощи. Чудеса существуют, и вы имеете на них право.

Вы должны поощрять себя за позитивный настрой и концентрироваться только на том, чего вы хотите. Мысли о том, чего Вы не хотите, приводят лишь к негативным результатам. Даже небольшая концентрация на позитивных мыслях может изменить вашу жизнь к лучшему.

Если вы чувствуете, что вам не хватает позитивного настроя, обратитесь за помощью к Вселенной и, самое главное, поверьте, что она вам поможет. Даже одно это небольшое действие поможет заметно изменить вашу жизнь к лучшему.

У вас есть навыки, уверенность и знания для успешного бизнеса. Чего же Вы ждете? Этой картой Добиэль хочет сказать вам, что у вас есть талант, чтобы преуспеть в собственном бизнесе. Если вы думали, что станете независимым и начнете работать самостоятельно в 2024 году, то эта карта - хороший знак того, что ваша интуиция права. Иногда бывает трудно сделать первый шаг, но будьте уверены, что Добиль направляет Вас в этом вопросе, и доверьтесь ему.

Значение 2024 года

2024 - идеальное число для творчества. Фактически, его вибрация связана с огромным царством безграничных возможностей.

Эта вибрация может принимать различные формы. Она может быть направлена на формирование будущего или на создание в своем воображении образа того, какой будет Ваша жизнь, когда исполнятся Ваши самые сокровенные желания. Это даст вам мотивацию, необходимую для движения вперед в вашей жизни.

2024 год — это мощный год, поскольку ваши экстрасенсорные чувства будут усилены. Если у вас есть желание развить интуицию или открыть свое восприятие, то это идеальный год для этого. Это идеальное время для творчества в прямом смысле этого слова. На самом деле, это очень творческое ангельское число.

Ангельские цвета для физического и духовного исцеления в 2024 году

Цвета, которые нас окружают, и те, которые мы выбираем для украшения своей жизни, имеют смысл и особые вибрации, которые влияют на нас самым разным образом.

Все цвета влияют на наше настроение и чувства. Именно поэтому цвета использовались для лечения болезней, защиты, привлечения второй половинки и поднятия настроения.

Влияние цветов на человеческий разум и способность использовать их для выражения эмоций и ситуаций использовались с доисторических времен. По этой причине значение цветов является основополагающим для продолжения нашего рода и выживания.

Значение цветов может быть выражено на эмоциональном и духовном уровне. На эмоциональном уровне мы ощущаем влияние цвета на нервную систему. Различные цвета вызывают разные чувства. Цвета могут вызывать активность, спокойствие, тревогу или умиротворение, поэтому наше настроение зависит от того, какие цвета мы выбираем для своей одежды и окружающей обстановки.

Овен. Зеленый цвет 2024

Зеленый цвет используется для исцеления, так как он генерирует благополучие. Он считается оптимальным цветом для исцеления, стимулирует рост, жизненную силу, уравновешивает тело и разум, укрепляет. Зеленый цвет обладает омолаживающим и противовоспалительным действием. Он способствует улучшению памяти, снимает паранойю и нервное истощение.

Зеленый цвет оказывает паллиативное воздействие на нервную систему, успокаивает раздражение и снимает боль. В физическом плане он связан с мышцами, костями и легкими. Он полезен для лечения проблем, связанных с сердцем и кровеносной системой. Он выравнивает кровяное давление.

Зеленый цвет является целительным для чувства раскаяния и для преодоления любых ограничивающих эмоций. Зеленая энергия исцеляет от неуверенности в себе и чувства неадекватности.

Зеленый цвет помогает преодолевать препятствия и менять направление движения, стимулирует работу гипофиза и эффективен для снятия эмоционального дисбаланса. Его можно использовать для борьбы с паническими атаками и зависимостями.

Таурус. Коричневый цвет 2024

Коричневый цвет помогает справиться с гиперактивностью, гипертонией и тревогой, поскольку обладает тонизирующим действием. Коричневый цвет также помогает облегчить болезненные ситуации, как физические, так и эмоциональные, поскольку обладает стабилизирующим действием и дает ощущение исцеления. Он способствует установлению связи с Землей и дает ощущение порядка.

Коричневый цвет способствует стабильной работе всех систем организма и иммунной системы.

Близнецы. Желтый цвет 2024

Желтый цвет используется для снятия депрессии, так как пробуждает чувство радости и счастья.

Желтый цвет стимулирует ум и нервную систему, активизирует память и общение. Он связан с печенью, желудком, щитовидной железой, трубами, толстым и тонким кишечником.

Желтый цвет используется для контроля надпочечников, желчного пузыря, печени и желудка.

Желтый цвет может использоваться для лечения психологических проблем, таких как депрессия и меланхолия. Этот цвет помогает слабой памяти и может быть использован для лечения психического истощения. Он может работать со страхом и постепенно снимать напряжение. Этот цвет связан с чувством собственного достоинства, самолюбием, смелостью и уверенностью в себе.

Красный цвет рака 2024

Красный цвет используется для лечения паралитических состояний и стимулирования жизненной энергии. Он восстанавливает силы и помогает преодолеть депрессию и меланхолию. Он помогает тем, кто боится жизни.

Этот цвет связан с надпочечниками и такими органами чувств, как слух, обоняние, вкус, зрение и осязание. Красный цвет связан с кровеносной системой, сердцем, половыми органами и мочевым пузырем. Красный цвет вызывает повышение гемоглобина и повышает температуру тела.

Этот цвет полезен при состояниях слабости, для лечения артритов, мышечных болей, бактериальных заболеваний, он также стимулирует обмен веществ.

Если вы склонны жить прошлым, красный цвет поможет вам укорениться в настоящем моменте.

Лев. Розовый цвет 2024
Розовый цвет обладает полезными целебными свойствами, а также является цветом безусловной любви.

Этот цвет способен повышать кровяное давление, учащать сердцебиение и пульс, он также стимулирует и придает уверенность.

Он помогает вернуть молодость, используется для лечения состояний, связанных с недостатком любви к себе, чувством одиночества, а также для снятия ревности. Он также может использоваться для успокоения эмоциональных и психических проблем, хорошо расслабляет и *способствует появлению чувства удовлетворенности.*

Дева. Серый цвет 2024

Серый цвет прекрасно подходит для ментального и физического очищения. Серый цвет выводит из организма негативную энергию и заменяет ее позитивной.

Это цвет интеллекта и внутренней мудрости. Он поощряет и укрепляет терпение и настойчивость. Серый воспринимается как классический и элегантный цвет. Это цвет достоинства и авторитета.

Весы. Синий цвет 2024

Синий цвет символизирует спокойствие и умиротворение. Это цвет, возвышающий сознание и связь с ангельскими сферами.

Этот цвет снижает кровяное давление, успокаивает нервную систему и обладает противовоспалительным действием. Он приносит спокойствие, умиротворение и уменьшает боль.

Он регулирует сон, расслабляет, освежает и приносит ясность ума. Синий цвет символизирует вдохновение и духовное расширение.

Золотой скорпион цвет 2024

Золото - исцеляющий и преображающий цвет.

В цветотерапии он используется для преодоления зависимостей, является антидепрессантом, так как вдохновляет.

Золото связано с уверенностью и самооценкой, творчеством, изобилием и процветанием.

Стрелец. Оранжевый цвет 2024 мужество и жизнеспособность

Целительные энергии оранжевого цвета стимулируют внутреннее осознание. В терапии оранжевый цвет используется для оживления энергий. Он используется при эмоциональных расстройствах и депрессивных состояниях, так как пробуждает радость и интерес к жизни. Он способен избавить от неуверенности в себе и оказывает спазмолитическое действие на организм человека.

Он используется для лечения астмы, бронхита и других заболеваний дыхательных путей. Он также помогает поддерживать хорошее зрение и укрепляет иммунную систему.

Оранжевый цвет укрепляет эфирное тело и способствует общему оздоровлению организма.

Козерог. Пурпурный цвет 2024

Пурпурный - цвет, связанный с возможностями исцеления. В терапии он является цветом исцеления и используется для лечения проблем, связанных с мозгом, и для успокоения чувства неудовлетворенности.

Этот цвет можно использовать для переговоров о спокойствии и мире между теми, кто не согласен.

Пурпурный цвет связан с сильными, но контролируемыми страстями; это цвет, поощряющий смелость.

Этот цвет олицетворяет сострадание и доброту, является цветом эмоционального равновесия и вселенской гармонии.

Это цвет перемен и трансформации, он помогает освободиться от старых моделей поведения, препятствующих личностному и духовному развитию, побуждает нас взять на себя ответственность за создание собственной реальности.

Аквариум. Белый цвет 2024

Белый цвет настраивает нас на более высокую духовную частоту и божественную любовь. Он способствует ясности ума и побуждает нас устранять препятствия.

Он обладает очищающими свойствами, помогает ясно мыслить и открывать истины. Это целительный цвет, обладающий силой трансформации.

В терапии белый цвет используется для стимуляции сознания и исцеления недугов путем уравновешивания всех духовных систем.

Вибрации белого цвета являются самыми быстрыми в спектре и охватывают все цвета. Он считается цветом истины, чистоты, нейтральности, мира и гармонии.

Рыбы. Цвет серебра 2024
Серебро - целительный цвет, способствующий духовному росту. Он выводит из организма негативные энергии и заменяет их позитивными. Он связан с возрождением и реинкарнацией, а также с лечением гормонального дисбаланса. Это прекрасный цвет для эмоционального и ментального очищения, так как он воздействует на эмоции.

В терапии серебристый цвет используется при гормональном дисбалансе, гинекологических заболеваниях.

Серебряный цвет символизирует защитные энергии, он олицетворяет мистическое и таинственное. Серебряный цвет способствует устранению и нейтрализации темных энергий.

Цвета Архангелов и Вознесенных Владык

Красный: является первым Лучом и связан с Архангелом Михаилом и Вознесенным Владыкой Эль Марией.

Желтый: является вторым Лучом и связан с Архангелом Ионием и Владыкой Кутуме.

Розовый: является третьим Лучом и связан с Архангелом Чамуила и Вознесенным Владыкой Сераписом Беем.

Зеленый: является четвертым лучом и связан с архангелом Гавриилом и Павлом Венецианским.

Оранжевый: является пятым Лучом и связан с Архангелом Рафаилом и Мастером Иларием.

Индиго - шестой Луч, связанный с архангелом Ариэлем и Иисусом Христом.

Фиолетовый: является седьмым лучом и связан с архангелом Задки илом и Сен-Жерменом.

Белый: он связан со всеми Лучами, а также с архангелом Гавриилом и Павлом Венецианским.

Ангельские предсказания по знакам 2024 года

Предсказания Овна

2024 год указывает на то, что Вас ожидает любовь, новое понимание и страсть. Неожиданное богатство может прийти к Вам, обеспечив уверенность в финансовой жизни. Но помните, что вы должны принять неопределенность и быть открытыми для неожиданных изменений в вашей жизни. В профессиональной деятельности Вас ждут достижения и признание.

Вас ждет светлое будущее. Рекомендуется заглянуть в себя и воспользоваться теми качествами, которые были заложены в Вас с детства, помня, что взросление не означает отказ от своей чистой сущности, а позволяет ей расти вместе с Вами. У Вас появится возможность найти работу, которая будет лучше соответствовать Вашим интересам и будет стимулировать Вашу жизнь во многих аспектах, помимо экономического.

Предсказания Тельца

В 2024 году Вам также будет сопутствовать удача в материальной сфере, но придется приложить усилия, чтобы добиться всего желаемого.

Вы получите большое экономическое благополучие и внутреннюю радость. Вы должны быть готовы получить защиту в экономической сфере, процветание появится в Вашей жизни так, что исчезнут материальные неудобства. Вы начнете новую жизнь, а также достигнете духовного изобилия.

При решении задач могут возникнуть некоторые трудности, поэтому нужно быть уверенным в себе и своих силах, потому что все будет испытанием, которое вы сможете преодолеть.

Ваш ангел рекомендует Вам держаться подальше от конфликтных ситуаций и стараться нейтрализовать любую критику, исходящую от коллег.

Сохраняйте дисциплину, не пренебрегая поиском работы, которая обеспечит вам лучшие условия и более здоровую обстановку. Вы закончите год с несколькими предложениями на столе, не забывайте просить божественного просвещения, чтобы принять наилучшее решение.

Предсказания для Близнецов

Любовь и безопасность придут к вам в этом году. У Вас будет стабильный и полный счастья партнер.

Любовь и радость. Свет любви входит в вашу жизнь, нужно только набраться терпения. Наслаждайтесь стабильностью и счастьем, которые уже на подходе и которые вы должны принять с распростертыми объятиями. Оставьте в прошлом чувство одиночества и примите чистую любовь, которая предназначена для вас. Ваши мечты вот-вот сбудутся. Возможно, Ваши желания исполнятся не совсем так, как Вы хотели, но в конце концов награда будет именно такой, как Вы ожидали.

Ваш ангел предупреждает о ситуациях, которые могут усилиться, если Вы не уделите им должного внимания. Особенно внимательно отнеситесь к проблемам или дискомфорту в области живота, так как они могут даже поставить под угрозу репродуктивные органы. Своевременное внимание сохранит Вам здоровье.

После периода, когда ваши финансы качались на волнах, в этом году в вашу жизнь вернется стабильность.

Предсказания для рака

Помните ли Вы, каким волшебным казался Вам окружающий мир в детстве? Ангелы просят вас вернуть себе это волшебное ощущение, вспомнив о чудесных силах, которые вас окружают. Ангелы очень хотят поддержать вас, помочь вам отбросить ненужные тревоги, чтобы излучать радость и спонтанность, как ребенок.

Вы будете защищать свою свободу превыше всех других ценностей, несмотря на критику окружающих и возможные дискуссии по этому поводу.

Вполне возможно, что вы начнете чувствовать себя более комфортно в одиночестве, чем в компаниях, не позволяющих вам развиваться. Путешествия и долгие беседы с друзьями могут дать Вам свет на смену партнера или переосмысление условий отношений.

Это будет год испытаний, ведь останутся только те, кто понимает жизнь на автостраде, а те, кто не понимает, наверняка пойдут другими путями.

Прогнозы для Льва

Вы не одиноки; Ангелы-хранители хотят сказать вам, что они никогда не оставят вас. Ничто из того, что вы подумали, сказали или сделали, не сможет оттолкнуть ваших божественных помощников.

Сохраняйте спокойствие в повседневных жизненных ситуациях, так как в этом году Вас может продолжать мучить бессонница. Не пытайтесь взять на себя больше, чем могут выдержать ваши силы, и вы станете свидетелем позитивных изменений в вашем физическом и психическом здоровье.

В 2024 году в Вашей экономике произойдут значительные изменения. Вам следует дистанцироваться от людей, которые своим отношением забирают у Вас энергию, а не отдают ее Вам. Не бойтесь новизны, помните, что ваш ангел будет готов помочь вам найти новую работу оптимальным и ускоренным способом.

Ваш ангел рекомендует Вам сосредоточиться на работе и отбросить соревновательность Вашего знака, потому что весь этот поток энергии, если Вы сконцентрируетесь, приведет к созданию шедевров.

*Ваш личный блеск будет несомненным,
возможности чувств умножатся, поэтому ангелы
рекомендуют Вам быть благоразумными и
избегать соблазнов, чтобы направить свою
энергию в нужное русло.*

Предсказания Девы

В этом году вам следует выбрать профессию, которая вам нравится. Ангелы помогут вам найти в себе эти таланты.

Будьте готовы к необъяснимым событиям и используйте любую возможность. Мудрые Ангелы предлагают вам избавиться от привычки, которая мешает вам двигаться вперед. Занимайтесь разнообразными делами и с интересом наблюдайте за своей жизнью. Если предстоящий путь сложен, действуйте так, как будто вы исследуете неизвестное место. Ангелы вдохновляют вас, двигайтесь вперед с ожиданием и надеждой.

У Вас появится возможность создать свою судьбу, отбросив сомнения и рискнув немного больше.

Соблюдайте необходимые меры предосторожности, поскольку поощрение или награда заставят многих людей завидовать Вашим успехам. Ваш ангел рекомендует укреплять чувство собственного достоинства и признать, что Вы существо, полное даров, и заслуживаете самого лучшего, что может дать Вам Вселенная.

Если у Вас есть стабильный партнер, то конец года будет очень благоприятным временем для продвижения в обязательствах, направленных на объединение семейных групп и реорганизацию. Крупные инвестиции при поддержке партнера дадут успешные результаты.

Предсказания Весов

Это особенно важно для вас в 2024 году. Вы должны чаще медитировать. Для этого, проснувшись утром, первые пять минут полежите в постели с закрытыми глазами и глубоко дышите. Поговорите с ними, а затем внимательно послушайте, какое сообщение будет вам послано.

Ангелы советуют вам держаться подальше от всех видов деятельности, которые не отражают ваших намерений.

Все вопросы, связанные с работой, отношениями, здоровьем, будут решаться неожиданно и успешно. Ангелы будут постоянно подталкивать Вас к действиям, приводящим к исправлению любой негативной ситуации.

Ваш ангел укажет Вам путь к примирению с теми, кого Вы оставили в стороне, и напомнит, что не стоит разлучаться с теми, кто демонстрировал Вам неизменную верность.

Возможны некоторые аллергические реакции и заболевания горла.

Ваш ангел активизирует вашу социальную жизнь до неожиданных пределов. Придерживайтесь спокойного темпа и избегайте очень сложных занятий.

Предсказания Скорпиона

В этом 2024 году вы должны доверять своей интуиции. Именно об этом говорят вам Ангелы. Интуитивные ощущения, видения, внутренний голос — все это попытки сказать вам что-то важное, поэтому вы должны доверять и следовать этим указаниям.

Помните, что, когда вас просят подождать, это означает, что для вас приготовлено нечто лучшее, чем вы могли себе представить. Поэтому необходимо изменить свое отношение к ситуации и принять ее. Расслабьтесь.

Попросите своего Ангела поддерживать вас в течение всего этого года, чтобы вы могли прислушиваться к божественным советам. Не спешите, когда видите что-то, что может сломить вашу волю. Следующая дверь откроется, когда придет время, и вы обретете новые силы.

Ангелы помогут вам удовлетворить ваши романтические потребности. Попросите их о помощи и примите ее. Ангелы помогут вам в поисках любви всей вашей жизни, они будут направлять вас, подсказывая путь к исполнению ваших желаний. Например, вы можете почувствовать острое желание поехать в определенное место. Там вы встретите человека, с которым у вас завяжется любовная связь.

Ангелы также хотят, чтобы вы повысили уровень своего образования.

Предсказания для Стрельца

В вашей жизни начинается новая глава. У вас появится новый партнер или восстановятся старые отношения. Откройте свое сердце для нового чувства любви, которое придет к вам.

Внимательно присматривайтесь к людям, которых вы встречаете на своем пути, будьте открыты к переменам в существующих отношениях и не слишком привязывайтесь к своим старым представлениям о них. В вашей жизни наступает время чудесных перемен, поэтому доверьтесь Ангелам.

Некоторые изменения в жизни могут быть болезненными, если не проявлять достаточной гибкости в мыслях и действиях. Если у вас новая любовь, помните, что прошлое должно оставаться в прошлом, подальше от нового счастья.

Ваши нынешние отношения могут закончиться или, наоборот, перейти в новую фазу обновленной любви, Ангелы просят вас довериться им и следовать их указаниям.

Если у Вас уже есть близкие отношения с каким-либо человеком, Ангелы просят Вас дать ему шанс и решить, что с ним делать: попытаться развить отношения на новом уровне или

*прекратить их, чтобы освободить место для
новой любви. В обоих случаях Ангелы будут с Вами,
помогая выбрать правильный путь!*

Предсказания для Козерога

Пришло время заняться самообразованием. Ангелы советуют не экономить силы и время на это занятие, а читать, слушать и развивать себя.

В течение этого года важно посвятить себя приобретению новых знаний, идей и навыков. Вам захочется начать учиться, а если вы учитесь в настоящее время, Ангелы просят вас продолжить образование.

Иногда в процессе приобретения новых знаний и навыков у нас возникает желание поскорее оценить их на практике, и это приводит к тому, что многие люди рано бросают учебу, Ангелы советуют не торопить события. Продолжайте свое образование.

Личностный рост, сопровождающий обучение, может принести вам радость, если вы будете помнить о том, что в ваших мыслях необходимо оставаться здесь и сейчас.

Попросите своих ангелов помочь вам избавиться от страха бедности, чтобы вы могли в полной мере насладиться ростом изобилия. Ангелы сообщают о притоке изобилия в вашу жизнь. в вашу жизнь. Продолжайте верить, и это обеспечит вам постоянную материальную, эмоциональную, духовную и интеллектуальную поддержку.

Предсказания Водолея

В этом году расслабьтесь, дайте Ангелам шанс помочь вам. Все, от чего вы откажетесь, будет заменено чем-то лучшим.

Вы ведете себя упрямо, что не приносит Вам ничего хорошего и не позволяет счастью и здоровью войти в Вашу жизнь.

Если вы несчастливы в любви, не продвигаетесь по карьерной лестнице, имеете семейные или финансовые проблемы, а также болезни, позвольте Ангелам скорректировать ситуацию.

Если Вы упрямо зацикливаетесь на неблагоприятных сторонах своей жизни и боитесь, что дальше будет только хуже, то так оно и будет. Однако если вы готовы освободиться от гнетущей вас ситуации, то текущее положение дел улучшится самым замечательным образом.

Ангелы просят вас не пытаться контролировать исход текущей негативной ситуации. Оставьте все как есть.

Ангелы подтверждают, что через собственные чувства, сны, видения и интуицию вы действительно слышите их, и это не галлюцинации. Если у вас вдруг возникло желание кому-то позвонить, куда-то пойти, что-то прочитать, важно, чтобы вы последовали этим внутренним импульсам, Ангелы просят вас оставить все сомнения в божественном руководстве.

Предсказания для Рыб

Ангелы знают о ваших прошлых разочарованиях, которые подорвали вашу веру в себя, других людей и даже в Ангелов, но они напоминают вам о том, как важно сохранять свою веру.

Ангелы знают, что вы, как и все остальные, совершали ошибки в прошлом. Однако эти ошибки не меняют вашей истинной природы. Внутри вас есть часть божественной природы, которая непогрешима. Ангелы просят вас верить в себя. Старайтесь, чтобы ваши мысли и чувства отражали ваши истинные намерения.

Ангелы просят вас тщательно выбирать цели и достигать их с любовью. Визуализируйте себя среди других счастливых, успешных и спокойных людей. Придерживаясь высокодуховных намерений, вы помогаете себе и другим. Ангелы просят вас заменить негативные мыслительные привычки на позитивные, просто попросите их о помощи.

Духовные законы для каждого знака в 2024 году

Овен. Закон намерения

Намерения более могущественны, чем желания. Намерение высвобождает силу, которая заставляет события происходить. Какой бы ни была ваша цель в жизни, если вы соберете энергию и удержите ее в своем сознании, сила Вселенной поддержит ваше видение. В этом и заключается истинная сила намерения.

При оценке кармы учитывается намерение. Если ваши намерения благородны, то вы будете вознаграждены за чистоту ваших идеалов. Именно намерение является сигналом правильности идеи или проекта. Убедитесь, что ваши намерения исходят не от эго, а направлены на высшее благо, поскольку универсальная энергия поддерживает высшее благо.

Универсальная энергия поддерживает ваше намерение, она является основой проявлений.

Телец. Закон рефлекса

Зеркало Вселенной настолько точно, что самые сокровенные тайны проявляются в отражениях, которые вы видите в себе. Каждый человек и каждая ситуация в вашей жизни — это зеркало ваших аспектов, хороших или плохих, позитивных или негативных.

Когда Вселенная представляет вам кого-то или что-то в вашей жизни, это зеркало. Духовный закон отражения напоминает нам о необходимости смотреться в зеркало и менять себя. Чем больше вас беспокоит какая-то характеристика другого человека, тем больше ваша душа обращает ваше внимание на отражение, с которым вам необходимо разобраться.

Если Вселенная действительно хочет привлечь ваше внимание к чему-то, она даст вам три отражения, на которые вы сможете посмотреть и проанализировать.

Что бы или кто бы ни приходил в вашу жизнь, посмотрите в зеркало и проанализируйте, чему он должен вас научить. Поняв закон отражения, вы сможете расширить свой духовный рост, обратив внимание на то, чему пытается научить вас жизнь.

Близнецы. Закон потока

Мы все живем во Вселенной, состоящей из энергий. Все течет, все изменяется. Закон Потока управляет всеми сферами нашей жизни.

Если что-то насыщено, то ничего нового к этому добавить нельзя. Если вы накапливаете вещи, будь то деньги, одежда, автомобили, идеи или старые разочарования, то для новых позитивных вещей не останется места. Поэтому, чтобы новое вошло в вашу жизнь, вы должны отпустить прошлое.

Если вы держитесь за старые эмоции, вы будете полны старых воспоминаний, которые будут препятствовать приходу более счастливых вещей.

Как только вы уберете из своего дома и своей жизни то, что вам не нужно, Закон Потока позаботится о том, чтобы на это место пришло что-то другое. Это ваш выбор - заменить хлам еще большим хламом или трансформировать свой уровень сознания, чтобы привлечь что-то более высокое. Если вы сохраните прежние убеждения, то вернутся те же обстоятельства или сценарии.

Если вы начинаете вносить изменения, пусть даже незначительные, то автоматически должно появиться что-то другое, новое.

Если вы хотите, чтобы что-то было по-другому, делайте это по-другому.

Рак. Закон сопротивления

Каждый раз, когда вы сосредотачиваетесь на чем-то, вы притягиваете это. Своими мыслями и убеждениями вы приглашаете в свою жизнь людей, ситуации, опыт и материальные вещи. Когда они приходят, если вы не хотите или не нуждаетесь в них, вы стараетесь держаться подальше.

Многие люди ссылаются на Закон Сопротивления, не осознавая, что делают это. Ваше подсознание и Вселенский разум работают подобно компьютерам. Вы не можете сказать компьютеру, чтобы он не показывал определенный документ, если вы на него нажали, так как он не запрограммирован на восприятие противоречивых инструкций. Он будет считать, что вам нужен именно этот файл, и выведет его на экран. Ваше сознание знает разницу между негативной и позитивной инструкцией, но ваше подсознание не может определить разницу.

Если вы будете постоянно делать утверждения, то получите доступ к своему подсознанию. Например, некоторые люди болеют, потому что сопротивляются болезни. Они постоянно думают: "Я не хочу болеть", слово "болезнь" постоянно проникает в их подсознание, пока они не заболеют.

Слова "Нет, я не могу, я не буду" — это слова, которые взывают к закону сопротивления.

Закон сопротивления активизируется сознанием жертвы, когда человек обвиняет других в своей судьбе, считает, что мир ему должен, и жалеет себя. Когда человек считает себя несчастным, он выступает в роли жертвы, сопротивляющейся изобилию.

Лев. Закон проекции

Все аспекты нас самих отражаются в нас. Все, что мы воспринимаем вне себя, является отображением того, что есть у нас внутри. Поэтому все, что мы видим снаружи, является проекцией. Мы проецируем свою энергию, положительную и отрицательную, на всех людей и предполагаем, что они находятся внутри нас, отрицая, что они находятся внутри нас.

Каждый раз, когда вы произносите слова - вы, или он, или она - вы проецируете что-то свое на этого человека. Мы всегда проецируем свои страхи на других, потому что нам удобнее представить, что кто-то другой обладает качествами, которые мы отрицаем в себе.

Если вы закапываете свою ненависть и выражаете ее в виде пассивной ярости, вы будете проецировать враждебность на окружающих и представлять, что люди жестоки, независимо от того, являются они таковыми или нет. Вы будете постоянно избирательно представлять себе угрожающее отношение там, где оно не предполагается и не выражается.

Мы проецируем свою неуверенность и свою сексуальность на других. Человек, страдающий паранойей по поводу нравственности других, проецирует свою собственную безнравственность. Тот, кто постоянно подозревает, что его обманывают, проецирует свой внутренний обман. В результате он привлекает в свою жизнь обманщиков. Тот, кто обвиняет своего партнера в измене, проецирует свое недоверие к отношениям.

С позитивной стороны, мы также проецируем свои сильные качества на других. Каждый раз, когда вы думаете или говорите положительные вещи о людях, вы проецируете свои собственные качества. Мы проецируем свою любовь на других, поэтому добрый человек будет представлять, что все вокруг него тоже добрые, и привлекать эту энергию в свою жизнь.

Дева. Закон внимания

На чем вы сосредоточитесь или обратите внимание, то и проявится в вашей жизни. Там, где вы обращаете внимание, течет ваше намерение.

Этот духовный закон гарантирует, что результат проявляется ровно в той доле внимания, которую вы ему уделяете. Внимание — это центр ваших мыслей и действий. Все зависит от ожиданий людей. Два человека, оказавшиеся в аналогичной ситуации, будут по-разному представлять себе ожидаемый результат. Поэтому каждый из них создаст несколько иной результат, поскольку каждый человек создает свою собственную реальность.

Единственное, что мешает вам реализовать свои мечты, — это ваши сомнения и страхи. Следите за тем, куда вы направляете свои мысли.

Помните, что позитив имеет более мощный заряд, чем негатив. Если вы постоянно обращаете внимание на позитивные моменты, это способствует достижению ваших целей. Сосредоточьтесь на том, чего вы хотите, и вы это получите.

Весы. Закон ответственности

Ответственность — это способность правильно реагировать на человека или ситуацию. Вызовы посылаются Вселенной для того, чтобы проверить, как вы реагируете на каждую ситуацию. Многократные испытания готовят вас к духовному развитию. Вы должны показать, что можете справиться с ответственностью. Прежде чем получить повышение, необходимо пройти испытания. Если вы честно и добросовестно справляетесь со всеми испытаниями, то ваш духовный прогресс будет возрастать.

Если вы не ответите на вызов, он будет снят, и вы сможете подать заявку повторно в другое время. У вас есть ответственность за все в вашей жизни. Вы должны заботиться о себе, своих детях и своем имуществе. Вы никогда не сможете взять на себя ответственность в жизни, если не позаботитесь о своих собственных потребностях. Необходимо заботиться о своих эмоциях и душе. Вы должны заботиться о своем физическом теле и эмоциональном состоянии. Когда вы берете на себя ответственность за другого человека, мы не служим его дальнейшему росту. Ваша ответственность заключается в том, чтобы укреплять других и мотивировать их на выполнение своих обязанностей.

Когда мы понимаем Духовный Закон Ответственности, мы больше не виним никого. Обстоятельства не определяют вас как личность, вас определяет то, как вы реагируете на эти обстоятельства.

Скорпион. Закон вызова

Закон Отстаивания всегда защищает. Мы никогда не должны соглашаться со всем, что видим, слышим или во что верим. Наша цель - различать то, что правильно, и оспаривать то, что нам кажется неправильным.

Мы имеем право обратиться к другому человеку за любой информацией, которую считаем необходимой, когда сталкиваемся с кем-то или чем-то новым.

В этом дуальном измерении есть темное и светлое, отрицательное и положительное. Все, что есть в свете, имеет свой аналог в темноте. Ваша задача - различать добро и зло, бросать вызов и делать свой свет настолько сильным, чтобы тьма не могла повлиять на вас.

Стрелец. Закон ясности

Когда вы четко формулируете свои желания, все понимают, что вы хотите, и реагируют соответствующим образом.

Отсутствие ясности отнимает энергию и держит вас в состоянии замешательства. Ясность открывает новые двери и возможности.

Существует два способа активизации Закона Ясности. Если вы чувствуете разочарование и не знаете, в какую сторону двигаться, терпеливо подождите, и путь прояснится для вас, только тогда вы сможете сделать правильный шаг.

Второй - сделать ход в любую сторону, поэтому при размещении ставки используйте свою интуицию. Важно принять решение, каким бы сложным оно вам ни казалось. Если вы решили не принимать решение, значит, вы его уже приняли.

Ясность открывает дверь в будущее, поэтому вы должны ясно говорить Вселенной о своих желаниях и потребностях. Ясные намерения извлекают из Вселенной то, что вам нужно в вашей жизни.

Козерог. Закон Чудес

По мере роста сознания все больше людей получают доступ к Божественному, и многие из них переживают чудеса. Прощение и безусловная любовь — это энергии, которые позволяют происходить чудесам. Чудеса — это естественный результат активации высших энергий. Когда мы просим Ангелов или любое существо из духовной иерархии света помочь нам, мы привлекаем частоту, которая выходит за рамки наших физических законов.

Синхронистичность — это одна из форм чудес. Духовные силы работают за кулисами, координируя и обеспечивая наступление предопределенных событий.

Чтобы активировать Закон Чудес, просто спросите.

Водолей. Закон привязанности

Вы можете иметь в своей жизни все, что захотите, но если от этого зависит ваша самооценка или счастье, значит, вы к этому привязаны. То, к чему вы привязаны, может манипулировать вами и контролировать вас.

Энергетические шнуры образуются между людьми, между которыми есть нерешенные вопросы. Каждый раз, когда вы посылаете кому-то мысли или слова ревности, боли, зависти, вы формируете шнур, который связывает вас с ним.

Случайная мысль может растворить его, но если вы постоянно посылаете негативные чувства, то образуются шнуры. Они останутся и будут связывать вас до тех пор, пока не будут освобождены.

В будущих жизнях эти шнуры будут активизированы и неизбежно притянут вас к тем, с кем у вас остались нерешенные вопросы. Это делается для того, чтобы душа могла поступать по-другому. Мы можем быть привязаны к вещам или предметам, которые называют ловушками богатства.

Что касается отношений, то вы имеете право наслаждаться любовными отношениями с партнером. Однако необходимость связывает вас с партнером, в результате чего он эмоционально тянет вас туда-сюда. Со зависимые отношения опутывают вас веревками так, что вы оказываетесь привязаны.

Привязанность — это условная любовь. Безусловная любовь растворяет связующие нити. Если вам нужно, чтобы кто-то вел себя *определенным образом, чтобы любить его, то это не любовь, а привязанность.*

Рыбы. Закон процветания

Если вы считаете, что не заслуживаете процветания, то вы не сможете его получить. Либо у вас есть сознание бедности, либо сознание изобилия. Некоторые люди тратят всю свою энергию, концентрируясь на том, чего им не хватает.

Эгоизм — это экономическое несварение. Если вы накапливаете деньги на счете, не давая им свободно течь, то в конце концов вы скажете Вселенной, что вам больше ничего не нужно, и она перестанет их присылать.

Если вы считаете себя недостойным, вы будете упускать возможности. Если вы скупы, вы никогда не почувствуете себя счастливым, потому что сознание бедности — это отношение. Сайт

Щедрые сердцем и открытые душой люди всегда будут счастливы. Их установка на процветание заключается в разумном использовании богатства.

Думайте, говорите, действуйте и верьте в то, что вы процветаете, и вы произведете впечатление на Вселенную, которая даст вам гораздо больше.

Как общаться со своим Ангелом-хранителем

Каждому из нас еще до рождения назначается свой ангел-хранитель. Они действуют через чувства и воображение человека, но никогда не могут действовать против его воли.

Ангелы-хранители не могут вмешиваться в жизнь людей, если их об этом не просят или если им не угрожает смертельная опасность.

Чтобы общаться со своим Ангелом-хранителем, необходимо попросить его о помощи. Самый модный способ общения с Ангелом - молитва, но можно достичь этого, если быть внимательным к посланиям и синхронизмам, возникающим после обращения к нему за помощью. Следует обращать внимание на свои сны и искать их значение, прислушиваться к своей интуиции, когда вы чувствуете что-то необычное.

Чтобы связаться со своим Ангелом-хранителем, необходимо вызвать его, поскольку таким образом вы посылаете ему сообщение о своем намерении получить его помощь и совет.

Эмоции могут создавать помехи и препятствовать эффективному общению. Медитация - лучшее средство для установления контакта с Ангелом-хранителем. Чем спокойнее будет ваше сознание, тем лучше вы сможете воспринимать своего Ангела-хранителя.

Интуиция, или шестое чувство, - наиболее эффективная форма общения с Ангелом-хранителем. Именно поэтому люди, имеющие встречи с Ангелами, всегда переживают их в моменты тревоги, так как в эти моменты человек реагирует в соответствии со своей интуицией. Таким образом, открывается канал связи, и любовь Ангела-хранителя начинает струиться.

Контакт с Ангелом-хранителем — это процесс, который позволит вам наслаждаться чудесной жизнью, полной благословений.

Об авторах

Помимо астрологических знаний, Алина А. Руби имеет богатое профессиональное образование: она имеет сертификаты по психологии, гипнозу, Рейки, биоэнергетическому целительству кристаллами, ангельскому целительству, толкованию снов, а также является духовным инструктором. Руби обладает знаниями в области геммологи, которые она использует для программирования камней или минералов и превращения их в мощные амулеты или талисманы защиты.

Руби обладает практическим и целеустремленным характером, что позволило ей иметь особое, интегративное видение нескольких миров, способствующее решению конкретных проблем. Алина пишет ежемесячные гороскопы для сайта Американской ассоциации астрологов; их можно прочитать на сайте www.astrologers.com. В настоящее время она ведет еженедельную колонку в газете El Nuevo Herald на духовные темы, которая выходит каждый понедельник в цифровом и печатном виде. Также ведет программу и еженедельный "Гороскоп" на YouTube-канале этой газеты. Ее астрологический ежегодник ежегодно публикуется в газете "Diario las Américas" под рубрикой Rubi Astrologa.

Руби является автором нескольких статей по астрологии для ежемесячного издания "Today's Astrologer", ведет занятия по астрологии, Таро, чтению по ладони, исцелению кристаллами и эзотерике. На своем канале в YouTube она еженедельно публикует видеоролики на эзотерические темы: Rubi Astrologa. Она вела собственное астрологическое шоу, которое ежедневно транслировалось на канале Flamingo T.V., давала интервью нескольким теле- и радиопрограммам, ежегодно выпускает "Астрологический ежегодник" с гороскопом по знакам и другими интересными мистическими темами.

Она является автором книг "Рис и бобы для души", часть I, II и III, сборника эзотерических статей, изданных на английском, испанском, французском, итальянском и португальском языках. "Деньги для всех карманов", "Любовь для всех сердец", "Здоровье для всех тел", Астрологический ежегодник 2021, Гороскоп 2022, Ритуалы и заклинания для успеха в 2022 и 2023 годах. Заклинания и секреты", "Астрологические уроки", "Ритуалы и чары 2024" и "Китайский гороскоп 2024" доступны на пяти языках: английском, итальянском, французском, японском и немецком.

Руби прекрасно владеет английским и испанским языками, сочетая в своих выступлениях все свои таланты и знания. В настоящее время она проживает в Майами, штат Флорида.

Более подробную информацию можно получить на **сайте** *www.esoterismomagia.com.*

Алина А. Руби - дочь Алины Руби. В настоящее время она изучает психологию в Международном университете Флориды.

С детства интересовалась всеми метафизическими и эзотерическими темами, с четырех лет занималась астрологией и каббалой. Обладает знаниями в области Таро, Рейки и геммологи. Она является не только автором, но и редактором, вместе со своей сестрой Анжелиной А. Руби, всех книг, изданных ею и ее матерью.

За дополнительной информацией обращайтесь к ним по электронной почте: ***rubiediciones29@gmail.com.***